INVENTAIRE
R 36140

GUSTAVE FLOURENS

CE QUI EST POSSIBLE

OTTFRID

Prix : 1 franc

PARIS
GARNIER FRÈRES, LIBRAIRES-ÉDITEURS
6, RUE DES SAINTS-PÈRES ET PALAIS-ROYAL, 215

1864

CE QUI EST POSSIBLE

OTTFRID

PARIS. — IMP. SIMON RAÇON ET COMP., RUE D'ERFURTH, 1.

GUSTAVE FLOURENS

CE QUI EST POSSIBLE

OTTFRID

PARIS
GARNIER FRÈRES, LIBRAIRES-ÉDITEURS
6, RUE DES SAINTS-PÈRES, ET PALAIS-ROYAL, 215

1864

CE QUI EST POSSIBLE

I.

Le ballon n'est qu'un appareil flotteur. La locomotion aérienne devient possible en y joignant un appareil de propulsion, et en empruntant au sol des résistances pour la traction.

1. Sur un plancher rectangulaire sont fixées deux chambres de suspension, carrées. Elles se composent chacune d'une enveloppe imperméable renfermant du gaz et de tiges de fer qui soutiennent leurs parois.

CE QUI EST POSSIBLE.

2. Entre ces deux chambres, un moteur est fixé au milieu du plancher. Il agit sur une chaîne tendue entre deux villes; comme dans les bateaux à vapeur qui font le touage.

3. Ce moteur est le moteur à gaz Lenoir. Un mélange de quatre-vingt-quinze parties d'air atmosphérique et de cinq parties d'hydrogène y est enflammé par l'étincelle électrique. L'hydrogène et l'oxygène se combinent, leur température s'élève et leur expansion produit de la force.

4. Le gaz hydrogène, seul combustible nécessaire pour alimenter cette force, loin de charger l'aérodrome, l'allége et le soutient.

5. Le moteur Lenoir est très-portatif, très-léger, d'un volume très-réduit. Son poids sera encore diminué sans inconvénients, sa puissance augmentée, en supprimant son socle et en agrandissant ses organes.

6. Outre la chaîne médiane servant à la traction, des chaînes latérales, également pla-

tes, courant sur des poulies le long de la face inférieure du plancher, assurent la stabilité de l'appareil. Ces diverses chaînes, attachées seulement aux deux extrémités de la voie, sont libres dans tout le parcours.

7. La voie aérienne peut être tracée dans une zone de l'atmosphère assez élevée pour que, d'un point à un autre, elle suive la ligne droite sans tenir compte des obstacles terrestres ordinaires. Alors les chaînes à l'état de repos sont soutenues, de distance en distance, par des arcs de fer terminant des supports plantés dans le sol.

8. Mais lorsque le sol n'a aucune valeur actuelle, comme dans nos montagnes ou dans les plaines asiatiques, la voie aérienne s'en rapproche et les chaînes posent simplement sur la terre.

9. Pour traverser les mers, les chaînes de l'aérodrome sont soutenues d'espace en espace par des supports, plantés dans des bateaux et

munis d'arcs de fer. Ces bateaux sont maintenus à leur place par de fortes chaînes verticales, cimentées dans des blocs de pierre immergés. Les plus fortes tempêtes les recouvrent momentanément, mais ne peuvent les déplacer. Les vaisseaux avec leur mâture passent librement sous les chaînes de l'aérodrome. La pose de ces chaînes sur les supports dressés se fait au moyen de poulies dont l'extrémité supérieure de ceux-ci est pourvue.

10. La quantité de gaz à emmagasiner dans les chambres de suspension est déterminée expérimentalement d'après le poids total de l'aérodrome avec son chargement et l'élévation à laquelle il doit se maintenir. Si, au départ, la provision de combustible produit quelque excès de force ascensionnelle, cet excès est compensé par un poids équivalent de lest. Pour maintenir l'équilibre pendant le trajet, il suffit de jeter du lest, en proportion du gaz consommé par le moteur.

11. Des réservoirs de gaz établis sur le parcours de la voie, avec des tubes au niveau de celle-ci, ravitaillent la machine; comme les dépôts d'eau et de charbon ravitaillent les locomotives terrestres. Au pied des montagnes, les réservoirs fournissent à l'appareil flotteur le surcroît d'ascension dont il a besoin.

12. Ces réservoirs sont inutiles sur mer. L'aérodrome emporte pour lest de l'acide sulfurique et du zinc. Au lieu de jeter son lest, il l'emploie à décomposer l'eau, et refait ainsi, sans s'arrêter, sa provision d'hydrogène. Une pompe et un tube, deux tonneaux, l'un pour la production, l'autre pour le lavage du gaz, suffisent à cette opération.

13. Le moteur Lenoir consomme un mètre cube et demi de gaz par heure pour produire pendant ce temps la force d'un cheval-vapeur.

14. Le gaz actuellement employé, soit à l'enlèvement des ballons, soit à la combustion du moteur Lenoir, est l'hydrogène bicarboné.

Comme il sert à l'éclairage, on le trouve toujours prêt dans les villes. Le prix d'un mètre cube de ce gaz à Paris est de trente centimes. Mais s'il est nécessaire à l'éclairage, ce carbone, qui coûte si cher, n'est que nuisible à la propulsion et à l'ascension. On a déjà proposé pour le moteur Lenoir du gaz impropre à l'éclairage et livrable à bien meilleur marché. En effet le seul gaz qui doive être employé c'est l'hydrogène pur. Comme il n'a point encore d'usage, on ne s'est guère occupé jusqu'ici de le préparer en grand. Cependant cette préparation est facile et peu coûteuse. Il ne s'agit que d'enlever à l'eau un de ses éléments. Or elle abandonne son oxygène aux métaux qui en sont avides et l'hydrogène libre se dégage. Il suffit donc de mettre en contact, de l'eau, de vieux fers ou des rognures de zinc, avec un acide pour exciter les affinités. On obtient ainsi un gaz quatorze fois plus léger que l'air. C'est le plus léger de tous les corps. C'est donc celui qui sous le moindre volume a le plus de force ascensionnelle. En se combinant avec l'oxygène au passage de l'étincelle électrique, il développe une chaleur assez forte pour fondre les métaux réfractaires qui résistent aux plus violents feux de forge. C'est le corps qui atteint la température la plus élevée. C'est donc celui qui sous le moindre volume a le plus de force impulsive.

15. Au contraire la vapeur d'eau se produisant à une température beaucoup moins élevée, il en faut un volume beaucoup plus grand, pour donner une quantité égale de force impulsive. Il est vrai qu'on peut accroître cette force en augmentant la dilatation de la vapeur. Mais pour cela, il faut chauffer davantage, consommer plus de combustible. Si on gagne de la force dans les machines à haute pression, c'est en perdant du combustible. Si on économise du combustible dans les machines à basse pression, c'est en perdant de la force.

16. Les frais d'établissement de la voie aérienne sont encore moindres que ceux de suspension et de propulsion. Pour couvrir le globe entier d'un réseau aérodromique, il en coûtera moins que pour percer une seule grande voie ferrée à travers un pays montagneux.

17. Quant au matériel volant, il doit être construit avec délicatesse, mais il est peu compliqué.

18. Le moteur Lenoir sera aisément approprié à sa nouvelle destination, et à l'emploi de l'hydrogène pur. Sa prise d'air sera réglée de manière à fonctionner non plus en lieux clos, mais au milieu d'un air constamment renouvelé.

19. Constitué comme les machines à vapeur, il atteindra les dimensions et les forces des plus grandes quand on le voudra. Cependant si, au début, on éprouvait des difficultés à construire sur un modèle assez grand de bons moteurs à gaz, on peut, au lieu d'un seul, en fixer

trois sur l'aérodrome. Ils sont tous trois d'égale force, et leurs poids réunis équivalent à celui d'un seul grand. Ils travaillent simultanément l'un sur la chaîne médiane, les deux autres sur les chaînes latérales. Cette disposition augmente la stabilité de l'appareil, triplement enchaîné à sa voie, non par de simples résistances, mais par des tractions.

20. De l'eau est nécessaire pour refroidir le cylindre intérieur où s'opère la combinaison des gaz. La même eau, en s'échauffant et en se refroidissant alternativement, suffit à ce service. Elle est contenue dans un réservoir découvert, à parois élevées, à surface très-large, isolé par des tiges de fer, au-dessus de la chambre de suspension postérieure. Ainsi s'obtient un prompt refroidissement, ce qui permet de réduire la quantité d'eau employée. Quand elle a été vaporisée par le contact du cylindre brûlant, elle est assez légère pour remonter d'elle-même au réservoir par un tube.

21. La chambre antérieure peut avoir en avant une forme ovale afin de fendre l'air plus facilement. Le gaz de propulsion peut être séparé du gaz de suspension. Dans un compartiment distinct est renfermé du gaz carboné, destiné à chauffer et à éclairer les salons des voyageurs.

22. Ces salons sont situés au milieu du plancher, à droite et à gauche du moteur; ou bien s'il y a plusieurs moteurs, sur les côtés des chambres de suspension. Une galerie règne tout autour de l'aérodrome et sert de promenade aux voyageurs.

23. Les voies aérodromiques élevées s'abaissent auprès des embarcadères, afin de prendre aisément les voyageurs. Outre les extrémités de chaque ligne, des stations peuvent être desservies sur le parcours.

24. La locomotion aérienne n'offre aucun danger. Les chemins de fer ont déjà été pour la sécurité un immense progrès sur les anciens

modes de transport, parce que la marche de leurs trains est réglée. Dans toute la France, ils ne tuent pas plus de personnes en dix ans que les voitures n'en tuent dans Paris seulement en une seule année. Celles-ci, grâce à leur course désordonnée, écrasent, blessent, estropient au moins six cents personnes par an à Paris. Cependant les chemins de fer restent fatalement exposés à de terribles accidents; explosion de la machine, rencontre de trains, déraillement. Sur une même voie sont engagés en même temps plusieurs trains, allant en sens contraire, ou dans le même sens avec des vitesses inégales. Les uns doivent céder le passage aux autres, ce qu'ils font s'ils sont avertis à temps. Sinon, ils ne peuvent éviter de se broyer. Il est impossible d'arrêter instantanément de telles masses animées de telles vitesses. En vain l'impulsion est supprimée, la marche du train continue jusqu'à ce que sa vitesse acquise ait été épuisée par le frottement des rails, des freins, et la résistance de l'air. Une surveillance rigoureuse de la voie rend ces malheurs très-rares. Mais tant que l'on placera des obstacles sur les voies parcourues par des moteurs mécaniques, il y aura des rencontres. Les trains sont exposés à dérailler, parce que loin d'être enchaînés à leur voie, comme l'aérodrome, ils n'y tiennent que par adhérence.

25. Avec le moteur à gaz il n'y a point d'explosions, l'expérience l'a déjà prouvé. Sur les voies aériennes il n'y aura point de rencontres. Les deux têtes de ligne étant reliées par une double voie, la voie de droite est exclusivement montante, celle de gauche exclusivement descendante. Arrivé à l'extrémité, l'aérodrome change de voie pour refaire en sens inverse le trajet qu'il vient de parcourir. S'il y a plusieurs trains engagés sur la même voie, ils vont tous dans le même sens avec des vitesses à peu près égales. Leurs départs étant suffisamment espacés, ils ne peuvent s'attein-

dre. Les deux voies, montante et descendante, sont éloignées l'une de l'autre. Ainsi, lorsqu'un aérodrome, un peu écarté de la ligne droite par le vent, courbe sa voie, il n'a point à craindre de chocs avec les aérodromes de l'autre voie. Ni l'appui, ni la force ne lui manquent pour vaincre la résistance des courants aériens. Le seul danger auquel il soit exposé, c'est d'avoir des chaînes mal forgées. Si l'une d'elles était brisée par les vents, il détacherait les autres, et, en perdant son gaz, regagnerait le sol.

26. Sur mer, un fil électrique accompagne dans tout leur parcours les chaînes de l'aérodrome. Celui-ci est pourvu d'un télégraphe dont il lui suffit d'unir l'électrode au fil pour se trouver en communication instantanée avec un vaisseau garde-voie de la Compagnie. Ces vaisseaux surveillent la ligne au moyen de leur récepteur télégraphique, dont le fil, porté par un mât, peut à volonté s'attacher au fil de

la voie ou s'en détacher. Si l'aérodrome avait ses chaînes brisées; en conservant assez de gaz pour flotter sur l'eau, il attendrait le secours.

27. Ainsi plus d'abandons sur mer : les tempêtes n'y étoufferont plus la voix de l'homme en détresse. Les vaisseaux étrangers à la Compagnie peuvent suivre ses routes, ils ne seront jamais isolés. Qu'un vaisseau sombre en plein Océan, les naufragés gagnent avec leurs chaloupes le premier bateau aérodromique. Ils y trouvent enfermé dans une petite boîte de fer un télégraphe avec lequel ils demandent du secours. A l'approche des côtes, aux points où des récifs rendent les routes maritimes dangereuses, sur ces récifs mêmes peuvent être établis les supports de lignes aérodromiques spéciales, destinées à la surveillance des côtes. Au lieu de laisser périr des malheureux en vue du port, on leur jettera de l'aérodrome des cordes de sauvetage.

28. La locomotion aérienne est la plus agréa-

ble de toutes. Les voyageurs ne sont plus condamnés au mal de mer. Ils sont à l'abri des tempêtes et du roulis. Sur terre, ils n'ont point à traverser des souterrains humides, des flots de poussière, à respirer la fumée du charbon, à rester pendant des journées entières emboîtés dans des caisses étroites, sans mouvement, ce qui est un véritable supplice. Avec le moteur à gaz, point de bruit, point de fumée, point de chaleur, ni foyer, ni chaudière, plus de parcelles de houille enflammée qui aveuglent. Rien qu'un cylindre, et des bras de fer qui travaillent silencieusement. Une belle vue et un air pur. Des transports rapides, commodes, peu coûteux.

II

1. Les voies ferrées coûtent trop cher et sont trop longues à construire. Pour établir cent vingt mille kilomètres de chemins de fer sur le globe entier, nous avons déjà dépensé trente milliards. Combien, pour achever le réseau terrestre, faudrait-il encore de temps, de travail et de dépense? Avec des souterrains à trois mille francs le mètre courant, des locomotives de cinquante à cent mille francs pièce, comment avoir des transports à bon marché réel? Ces locomotives avec leurs tenders pèsent de quarante à soixante mille kilogrammes.

Sans ce poids énorme qui développe de fortes adhérences entre les rails et les roues, celles-ci tourneraient sur place au lieu d'avancer. Une locomotive de trois cents chevaux n'en peut donc consacrer que cent cinquante à remorquer les voitures. Elle emploie la moitié de sa force à se traîner elle-même. L'autre moitié n'est guère mieux employée. Un wagon de troisième classe vide pèse six mille kilogrammes. Les cinquante voyageurs qu'il peut contenir pèsent chacun soixante kilogrammes en moyenne. Ainsi, pour porter trois mille kilogrammes de poids utile, le double de poids mort est nécessaire à ce wagon. Les diligences, au contraire, portaient plus qu'elles ne pesaient. Ces poids écrasants usent vite les rails; l'entretien de la voie seule exige une dépense annuelle de plusieurs millions. Les remblais, construits à grands frais pour porter la voie, coupent les campagnes, contrarient la pente des terrains, arrêtent l'écoulement des eaux et transforment un sol précieux en marécages.

2. Les wagons de première classe ne renferment que vingt-quatre voyageurs et pèsent cinq mille kilogrammes. Pour qu'un homme soit un peu moins serré et moins mal assis, il est donc nécessaire de traîner avec lui une masse de deux cents kilogrammes. Les wagons de troisième classe coûtent cinq mille francs pièce, ceux de première dix mille. Les wagons de première classe coûtant le double des autres, et renfermant moitié moins de personnes, le prix des premières places devrait être quatre fois plus élevé que celui des troisièmes. Or, il en est à peine le double. L'exploitation de ces wagons est donc loin de produire l'intérêt du capital qu'ils dépensent : elle coûte quatre et ne rapporte pas deux. Qui fournit les capitaux ainsi gaspillés? Notre travail et nos privations. Pour pouvoir s'établir et subsister dans d'aussi défavorables conditions, il a fallu aux chemins de fer le monopole des transports, le mono-

pole de la subsistance des nations. La voie aquatique peut seule transporter à bon marché les matières premières. Elle était incomplète, mal entretenue, entravée de nombreux péages; cependant, même dans cet état, elle aurait fait aux chemins de fer une concurrence victorieuse. Ils ont acquis par traités le droit de la tuer et de prendre pour eux tous les transports. Alors ils ont tout fait enchérir.

3. La cherté des transports est aussi funeste aux nations que la peste ou la famine. Si la matière première suit une voie coûteuse, le fabricant qui l'emploie dépense davantage pour l'acheter. Ce surcroît de dépense est une perte, puisque la même quantité de matière première aurait pu venir par eau à meilleur marché. Le fabricant a dans les mains un capital qui lui a été confié ou lui appartient, et sans lequel son établissement ne pourrait subsister. Toute dépense productive augmente ce capital, toute dépense improductive le diminue. Forcé par

le monopole des voies ferrées à une dépense improductive continue, le fabricant se ruinerait inévitablement. Il doit donc combler ce déficit, soit en restreignant ses dépenses productives, soit en élevant ses prix de vente, soit en falsifiant ses produits. Les dépenses productives sont l'achat et l'apport de la matière première, l'acquisition et l'entretien du matériel de fabrication, la rétribution du travail humain. Il est impossible de rien retrancher sur les deux premières. On ne transige point avec la matière : si les instruments dont on se sert sont mauvais, il y a perte ; si la matière employée est mauvaise, il y a perte. Mais avec l'homme on transige. Puisque la matière première est artificiellement enchérie, puisque avec une même somme on s'en procure moins, elle devient précieuse, rare. L'ouvrage manquant, l'ouvrier sans travail abonde. S'il en est un qui refuse le travail offert à des conditions inacceptables, vingt autres le demandent comme un bienfait. Ils ont faim, leurs femmes, leurs enfants ont faim. Ils acceptent tout. Ils travaillent quinze heures sur vingt-quatre, gagnent peu, se nourrissent, se logent, se vêtent très-mal. Mais leurs enfants ont à manger. Jamais fabricant honnête n'a fait de pareilles transactions. Au contraire, il s'impose des privations et maintient au même taux la rémunération des ouvriers. Si ce n'était par bonté, il le ferait par calcul, car il sait combien est différent le travail d'un esclave furieux, ignorant, brutal, excédé de fatigue, et celui d'un homme libre, intelligent, heureux de son sort et s'intéressant à son œuvre. Comment les ouvriers reconnaissent-ils cette conduite? En se coalisant contre celui qui les paye, pour le contraindre, par un refus unanime de travail, à les payer davantage. Ils sont bien coupables, il faut leur opposer les lois, et l'on sera quitte envers eux. Non, leur demande est juste. Leurs aliments, leurs vêtements viennent par voie coûteuse. Toute matière ouvrée, à moins d'être consommée sur place, a subi deux enchérissements : l'un pour aller au lieu de fabrication, l'autre pour aller au lieu de consommation. Quiconque vend doit donc élever ses prix, afin de trouver dans la vente le même profit qu'auparavant, nécessaire à payer ses frais, ses soins et son temps. L'ouvrier a besoin d'acheter. Il a reçu pour son travail nominalement la même somme aujourd'hui qu'hier. En réalité, cette somme est moindre, puisqu'aujourd'hui tout lui coûte plus cher. Cette diminution de son avoir lui inflige de cruelles souffrances qu'il n'a point méritées. Ni courage, ni résignation ne lui font défaut ; mais il est contraint à demander la réparation de ce dommage. A qui s'adresser, si ce n'est au fabricant, victime comme lui de l'enchérissement général ? Il est des ouvriers qui maudissent les fabricants. Il est des fabricants qui font travailler à perte, pour ne point abandonner des milliers d'hommes à la misère.

4. Jadis chaque métier appartenait à une corporation. La corporation se composait de quelques familles privilégiées pour l'exercice d'un métier, se transmettant par héritage ce privilége de père en fils, à l'exclusion de tout nouveau venu. Elle faisait briser par la justice les outils et saisir la personne de l'ouvrier convaincu d'avoir travaillé pour son propre compte ou changé quelque chose au mode de fabrication traditionnel. Alors il était facile à l'industrie de compenser ses pertes. Il suffisait à la corporation de renvoyer une partie de ses ouvriers, de restreindre sa fabrication et d'élever ses prix de vente. Ses produits devenaient rares et coûteux, mais ne perdaient rien de leur qualité. Les consommateurs payaient davantage. Il est vrai que la plupart, ne pouvant payer, étaient réduits à se passer de tout. Ils n'avaient que des haillons pour se couvrir, ils mouraient de faim et de froid. Les habitants

des campagnes mangeaient de l'herbe ou s'emplissaient de terre l'estomac. Les ouvriers renvoyés, malades de misère, succombaient vite au séjour meurtrier des hôpitaux, où ils étaient entassés quatre à la fois dans chaque lit. Ces accidents passaient inaperçus et ne troublaient point le cours majestueux d'un beau règne. L'histoire d'antichambres, qui s'écrivait alors, ne s'abaissait point jusqu'à tenir compte d'aussi méprisables détails. Aussi disons-nous, d'après ces renseignements : nos pères étaient heureux, leur temps valait mieux que le nôtre ; l'industrie actuelle fait de grandes choses, mais au prix de quelle affreuse misère !

5. Depuis soixante-dix ans l'industrie est libre et appartient à la concurrence. Elle ne peut donc plus restreindre sa fabrication, élever ses prix de vente. Elle est obligée à travailler pour tous, à vendre ses produits aux prix établis par la concurrence. Et ces prix doivent tendre constamment à baisser : parce

que chacun a le droit de travailler à son profit et de se faire une place sur le marché en l'agrandissant. Or, pour agrandir le marché, il faut baisser les prix, afin d'avoir plus d'acheteurs. Ainsi la concurrence profite surtout aux consommateurs les plus nombreux et les moins riches ; si elle n'existait pas, le marché leur resterait fermé. Ceux qui voulaient la détruire dans l'intérêt des travailleurs se trompaient. Ils enlevaient à l'industrie sa liberté, ils lui imposaient des lois. Ces lois, favorables aux travailleurs aujourd'hui, leur deviendraient tout à fait défavorables demain. Elles les empêcheraient d'obtenir ce qu'ils obtiendront en restant libres. Les conditions du travail changent continuellement : les lois sont immobiles. Toute réglementation restreint le mouvement du commerce et de l'industrie, dont l'extension est le premier intérêt des travailleurs. Donner des lois au travail, sous quelque prétexte que ce soit, c'est revenir au régime des corporations, des priviléges et de l'exclusivisme. Depuis que chacun possède le droit d'entreprendre le métier qui lui convient et d'innover dans la fabrication, l'industrie a pourvu aux demandes de tous : elle a plus fait de progrès en ces quelques années de liberté que pendant tous les siècles d'esclavage où ses règlements l'ont maintenue stationnaire.

6. Mais pour que la concurrence ne devienne point funeste, il faut que nulle industrie n'en soit exemptée. Nous travaillons tous à nos risques et périls, sans aucune garantie de nos intérêts par les lois : si nous faisons des fautes, nos rivaux en profitent pour nous exclure du marché. Une seule industrie a le droit d'en commettre impunément autant qu'elle peut. Elle est soutenue par l'État, qui se charge de les réparer aux frais communs. L'industrie des transports, auxiliaire indispensable de toutes les autres, est constituée en monopoles. Elle impose à ses tributaires des lois que nul ne

peut enfreindre. Quant à elle, sa seule règle est son bon plaisir. Au lieu d'être astreinte pour ses transports à des tarifs uniformes, par tonnes et par kilomètres, les seuls équitables, elle possède les tarifs différentiels, c'est-à-dire l'arbitraire le plus complet. Avec ces tarifs, elle peut ruiner à son gré, si elle y a intérêt, l'industrie d'un pays, en surtaxant la matière première importée de régions voisines pour alimenter cette industrie. Elle s'interpose entre le consommateur et le producteur pour tout faire enchérir à son profit. Chacun est contraint à vendre à bas prix, elle seule a le droit de faire payer son concours le plus cher possible. L'essentiel, la fabrication, grâce à la concurrence, est forcée à devenir moins chère; l'accessoire, le transport, grâce au monopole, reste coûteux.

7. La rémunération des travailleurs s'élevant, les prix d'achat de la matière première augmentant, les prix de vente de la matière ouvrée

baissant, le fabricant serait perdu, s'il ne falsifiait ses produits. Ressource indigne, honteuse, mais nécessaire, tant que les transports seront monopolisés. Pour vivre, pour nourrir sa famille, il faut sacrifier son honneur, il faut voler. On farde le produit, on lui donne de beaux dehors, une apparence honorable, et on le livre à bon marché. Le consommateur est séduit ; il ne peut juger du produit qu'à l'usage. Il achète, mais à peine l'usage commencé, l'objet ne vaut plus rien. L'acheteur est victime d'un artifice : l'apparence du bon marché. S'il paye un peu moins actuellement, c'est à condition de renouveler ses achats bien plus souvent. Il dépense vingt fois plus pour n'avoir jamais qu'une mauvaise qualité. Tout le monde souffre de ces tromperies : c'est un grand malheur pour les nations quand l'improbité devient nécessaire. Telle est l'histoire de nos trente dernières années. Voilà ce que nous a coûté l'établissement des voies ferrées.

8. Et que nous a-t-il rapporté? L'avantage de faire marcher vite les marchandises. Mais à quoi bon? Il vaudrait bien mieux ne pas les faire enchérir. Qu'elles aillent s'emmagasiner un peu plus tôt ou un peu plus tard dans les réserves, peu importe. La plupart des commandes sont faites à l'avance. D'ailleurs la petite vitesse est médiocrement prompte. Pour éviter les rencontres avec les trains de voyageurs, les trains de marchandises doivent stationner dans les gares et attendre le moment où les voies sont libres. Ce qui n'empêche point ces rencontres, résultats du monopole qui accapare tous les transports et fait suivre les mêmes voies à celui des hommes et à celui des marchandises.

9. Quant aux voyageurs, ils ne jouissent de la rapidité si vantée qu'en la payant fort cher. Les trains omnibus sont souvent très-lents et perdent beaucoup de temps dans les gares. Les trains privilégiés qui marchent réellement vite,

ne se composent que de wagons de première classe. Les frais énormes nécessaires pour faire courir à grande vitesse ces montagnes de bois, de fer et de charbon, sont à la charge de tous. Et tous ne profitent point de cette vitesse. Elle est réservée à quelques-uns ; parmi lesquels il en est qui ont obtenu des transports de faveur, au préjudice général. Dans les troisièmes classes est entassé le rebut des voyageurs, sur des planches. Ils n'y trouvent même pas la banquette ménagée dans les plus mauvaises diligences. Ils sont parfois traités avec brutalité, malgré leur vieillesse et leurs infirmités. Et cependant eux seuls payent complétement la valeur de la place qu'ils occupent. C'est volontairement que les Compagnies ont rendu les troisièmes places si mauvaises, afin de pousser un plus grand nombre de voyageurs à en prendre d'autres. Il est regrettable qu'elles n'aient pas complétement privé ces places d'air et de lumière; il se serait trouvé encore tant de personnes obligées d'aller les remplir !

10. En Allemagne, les wagons s'ouvrent à l'avant et à l'arrière, et non latéralement comme en France. Ils ne sont point partagés en compartiments ; les banquettes sont situées sur les côtés ; et au milieu règne un couloir, suffisant au passage des voyageurs et des employés. Les voyageurs peuvent remuer, se promener. Ils ne sont point parqués en compagnie dangereuse dans une boîte, absolument isolée de tout secours humain par la marche du convoi. Ils sont réunis dans un salon ambulant, chauffé par un poêle. Il est même facile d'aller, pendant la marche, d'un bout à l'autre du train, de changer de wagon. Les crimes sont impossibles. Au contraire, la disposition des wagons français est excellente pour favoriser les crimes, comme on a déjà pu s'en apercevoir. On s'est ému, on a réclamé ; les Compagnies n'ont rien fait. Peut-être, si de nouveaux forfaits se produisent, donneront-elles à la sécu-

rité publique quelque satisfaction dérisoire; des cordons de sonnette! La seule mesure efficace serait la destruction des cloisons et l'établissement d'un passage au milieu des wagons.

11. On ne peut rien refuser aux chemins de fer. Quand ils exigent des subventions, il faut tout leur sacrifier, l'entretien des ponts, des routes ordinaires, des ports, des canaux, des rivières. Cependant le monopole des transports devrait leur suffire. Avec ce monopole, ils devraient gagner beaucoup, tout en dépensant beaucoup. Il n'en est malheureusement pas toujours ainsi. A côté de situations prospères, il y en a d'autres peu brillantes,

III

1. Si la houille n'est pas chère actuellement, ce n'est point un motif pour la gaspiller. Nous en consommons des monceaux dans des fournaises toujours ardentes, pour produire un peu de force, de la vapeur et beaucoup de fumée. Il faut la réserver pour le chauffage et l'éclairage, auxquels le gaz hydrogène est impropre, s'il n'est point carboné. Il faut pouvoir donner toujours à tous le combustible, c'est-à-dire la chaleur et la lumière, à très-bon marché. Il y a déjà en France des mines qui s'épuisent et rendent moins qu'à l'origine. Si nos ancêtres

avaient fait usage de la houille comme nous, il ne nous en resterait plus guère ; il faudrait aller la chercher au loin et la payer très-cher. Ces forêts anciennes carbonisées, en réserve dans le sein de la terre, sont d'autant plus précieuses que les forêts actuelles tendent à disparaître devant les cultures ; plus la civilisation se répand et plus l'homme s'empare du sol. La conservation des forêts actuelles est moins nécessaire depuis que le fer se substitue au bois dans les constructions. Mais le bois se reproduit tandis que notre provision de fer et de houille, quelque vaste qu'on la suppose, est bornée. Ne ruinons pas l'avenir tout en nous vantant de travailler pour lui.

2. La houille est essentiellement impropre au service des moteurs ambulants. Elle est lourde, encombrante ; elle les surcharge d'un énorme poids mort. Les vaisseaux à vapeur, avec leur provision de combustible et leur pesante machine, ne peuvent être que médiocre-

ment chargés ; une grande partie de leur force de traction est paralysée. Il se dépense chaque année des millions à ces inutiles transports de houille d'un bout du monde à l'autre. Si la traversée est longue, les vaisseaux sont obligés d'aller ravitailler, de modifier leur route pour joindre les dépôts de charbon. En présence de tels inconvénients, il a fallu revenir à la voile. On a obtenu des marches bien supérieures avec les clippers, vaisseaux mixtes à voiles et à vapeur, qui ne ravitaillent point. Ils vont droit au but, en s'aidant des courants maritimes, en suivant le cours de ces grands fleuves qui coulent à travers l'Océan. Dès que l'on substitue le gaz à la vapeur, les seules provisions nécessaires sont un peu de zinc et d'acide sulfurique, l'eau et l'air étant toujours à portée des vaisseaux.

5. Nous construisons à grands frais de magnifiques citadelles mobiles, des vaisseaux cuirassés, qui, en cas de guerre maritime, si nous

y continuons l'usage de la houille, seront complétement inutiles à une certaine distance de nos côtes. Ces vaisseaux, afin d'être propres au combat, ne peuvent avoir qu'une mâture insuffisante. Ils devraient même être rasés comme des pontons. S'ils conservent le moindre mât, la moindre voile, ils s'exposent eux-mêmes à leur perte. Les premiers coups du canon ennemi coupent leurs mâts dont les débris vont s'engager dans l'hélice, et en la brisant, condamnent le vaisseau à l'immobilité. Privés de voiles, ils ne peuvent donc se mouvoir sans charbon. S'ils trouvent les dépôts de charbon étrangers fermés par la guerre, il leur faut demeurer en vue des ports nationaux qui leur restent ouverts. Pour s'en éloigner et tenir la haute mer, ils auraient besoin d'être accompagnés de convois de charbon. Que ces convois soient interceptés par l'ennemi ou par la tempête, et l'on verra, faute de quelques centaines de francs de charbon, des vaisseaux valant de cinq à dix millions pièce, réduits à l'inaction et obligés de se rendre ou de se faire sauter. Ils sont donc incapables, grâce à l'emploi de la houille, d'aller défendre au loin nos nationaux et de protéger le commerce qui fournit les fonds nécessaires à leur construction. Et les vaisseaux de ligne ordinaires sont devenus également incapables d'exercer cette protection. Car il suffirait à l'ennemi d'avoir le moindre bâtiment de fer éperonné pour couler à fond toute une escadre en bois.

4. Employée dans les moteurs sédentaires la houille est un terrible fléau pour les villes, qu'elle infecte de sa fumée. En brûlant elle produit de l'acide carbonique, de l'oxyde de carbone, de l'hydrogène carboné. La respiration de chacun de ces gaz est mortelle en lieu clos. La combustion étant toujours incomplète, la fumée se compose aussi de menus fragments de houille, qui n'ont pu brûler, faute d'une température assez élevée. A Londres, on vit au

milieu de cette fumée, qui est de la flamme à basse température. Trois millions d'hommes y respirent ces résidus vénéneux que l'industrie jette dans l'atmosphère. C'est une asphyxie continue, un empoisonnement lent et à petite dose. Denses, épais, lourds, ces gaz deviennent immobiles et résistent à tous les vents. Ils couvrent la ville d'un dôme noirâtre qui se dissipe seulement le dimanche, jour où le travail cesse. Si nous n'y prenons garde, il en sera bientôt de même dans nos villes industrielles, malgré les règlements qui ordonnent de brûler la fumée. Cela étant impossible, les règlements restent comme non avenus.

5. Quand on ne consomme de charbon dans les villes que pour produire de la chaleur et de la lumière, le vent suffit à enlever la fumée. En employant le moteur à gaz au lieu de la vapeur pour produire de la force, on ne jette dans l'atmosphère d'autre résidu qu'un gaz inoffensif, l'azote. Il est facile d'avoir dans

chaque ville une circulation de force, comme nous avons déjà une circulation de lumière. Des usines où se prépare l'hydrogène partent des tuyaux qui le distribuent dans chaque atelier. Pour faire travailler immédiatement le moteur à gaz, il n'y a donc qu'à tourner un robinet.

6. Il est défendu de souiller et de dégrader la maison de son voisin. Pourquoi est-il permis, sous prétexte de progrès de l'industrie, de souiller et de dégrader ses poumons, qui sont bien autrement précieux ? L'homme se nourrit d'eau et d'air, soit directement, soit par l'intermédiaire des herbivores et des végétaux. Qui corrompt l'eau et l'air corrompt ses aliments.

7. C'est à l'eau et à l'air exclusivement que l'homme doit demander la force et le mouvement. Il n'a pas besoin de les transporter avec lui, d'en faire des dépôts; il les trouve partout à sa disposition. En les employant, il n'a pas

à craindre de voir jamais la force et le mouvement enchérir, quelques quantités qu'il en consomme. Au contraire, le travail mécanique ne pourra que baisser de prix par le meilleur aménagement des appareils. Si l'homme brûle de la houille pour produire de la force, il détruit. Et la force enchérira nécessairement tôt ou tard, ce qui sera un immense malheur. S'il utilise la combinaison de l'hydrogène et de l'oxygène pour produire de la force, il ne détruit point. Ce sont des éléments qu'il déplace, dont il change les combinaisons; ce ne sont plus des composés qu'il anéantit. Et ces éléments ne périssent point; leur quantité sur le globe est invariable. Tour à tour hommes, animaux, plantes, minéraux, eau ou atmosphère, ces deux gaz revêtent passagèrement toutes les formes, et chaque fois que leurs composés périssent, ils vont continuer leur existence dans de nouveaux composés.

8. C'est sur l'eau et dans l'air que l'homme

doit trouver ses routes. L'air appartient aux voyageurs. L'eau sera toujours la voie la moins coûteuse pour les marchandises. Quelques planches suffisent pour les porter, la traction se fait par le touage ordinaire. Elle est facile ; le cheval, qui ne traîne que quinze cents kilogrammes sur la terre, en traîne cinquante mille sur l'eau. Les routes aquatiques sont les seules qui ne s'usent point. L'entretien des canaux ne ruinera jamais les peuples : ceux qui ont une bonne canalisation sont riches.

9. Les canaux devraient être assez larges pour devenir accessibles aux vaisseaux qui naviguent sur l'Océan. Les remorqueurs amèneraient ces vaisseaux jusqu'aux portes des ateliers où la matière première est ouvrée, des magasins où se déposent les denrées. Ainsi serait évitée cette longue série de transbordements successifs, de déchargements et de rechargements, qui représente une mise de capitaux considérable sans aucun profit, une

perte de temps énorme, l'emploi improductif de beaucoup de bras, et n'aboutit qu'à des avaries pour les objets. La mer est la grande voie du commerce; cette voie ne doit pas être interrompue par les continents.

10. Dans l'enthousiasme primitif pour les voies ferrées on a proposé de combler le canal du Midi, cette œuvre magnifique d'un homme de génie, pleine de difficultés vaincues, l'un des plus grands bienfaits matériels que les siècles précédents nous aient légués. Quand l'isthme de Suez aura été coupé, ce canal, s'il est élargi, deviendra la meilleure voie de communication entre l'Occident et l'Orient, l'Angleterre et l'Inde. Ce sera un trésor pour la France. Mais autant vaudrait combler tous les canaux que de continuer à les abandonner aux Compagnies des chemins de fer. C'est pour éteindre leur concurrence qu'on les a livrés ainsi à leurs ennemis, et on n'a que trop bien réussi. La navigation est morte aujourd'hui en

France. Le Rhône est désert, la flottille à vapeur qui le couvrait naguère a été obligée d'émigrer sur le Danube.

11. Vous trouvez dans la construction des chemins de fer de vastes placements pour vos capitaux. Mais il ne manque pas de grandes entreprises bien plus avantageuses. Ce n'est qu'après avoir été couvertes d'or que les voies ferrées en rapportent un peu à leurs bailleurs de fonds. Ouvrez un canal de Paris à l'Océan, à la côte de Normandie, assez large et assez profond pour que les trois-mâts remorqués puissent le descendre d'un côté, le remonter de l'autre. Creusez un port dans une des plaines qui avoisinent Paris. Achevez le réseau aquatique de la France : mettez-le en communication facile avec l'Europe centrale. Et Paris deviendra le grand port de l'Europe, le lien entre l'Amérique et l'Europe, l'entrepôt des deux mondes. Jamais aucun chemin de fer ne lui donnerait autant de prospérité. Sa popula-

tion sera bientôt triplée; elle deviendra aussi grande et aussi riche que l'était Babylone.

12. Percez les isthmes. Après Suez, Panama, Corinthe, Malacca. Ces percées devraient être déjà faites. Chaque jour de retard équivaut pour le commerce du monde à la perte de plusieurs millions. Obliger les vaisseaux à doubler les continents, c'est prolonger inutilement leur navigation, c'est surtout les exposer à d'inévitables naufrages.

IV

1. On a essayé d'employer la force mécanique au travail de la terre. Mais la houille s'y prête mal. Il n'est pas facile d'établir des fournaises en pleins champs, d'aller faire au loin des provisions de houille. Tandis que le moteur à gaz est parfaitement approprié à ce nouveau service. Il est petit, très-portatif, il s'alimente d'eau et d'air. Le premier cours d'eau venu suffit à donner de l'hydrogène. On ne manque nulle part de vieilles ferrailles, et il n'est pas difficile de se procurer de l'acide sulfurique.

2. Le travail agricole longtemps négligé, abandonné à la routine, à l'ignorance, mérite toute l'attention des hommes instruits et intelligents. Les véritables mines d'or ne sont point en Australie, elles sont dans notre sol même. S'il était cultivé comme il devrait l'être, nous ne connaîtrions plus la misère. Notre industrie est plus avancée que notre agriculture : en nous jetant avec fureur sur l'industrie, nous avons voulu rivaliser avec l'Angleterre. Mais le progrès industriel n'avait pas empêché celle-ci de mettre son sol en meilleur état que le nôtre. D'ailleurs elle n'est point dans les mêmes conditions que nous. Elle a un territoire moindre, et une population nombreuse, très-prolifique, à nourrir. Elle achète du coton aux États-Unis, elle en tisse des vêtements, puis les exporte. Elle n'est donc plus qu'un atelier, l'atelier des autres peuples, et n'a d'autre gain à espérer que le prix de la fabrication. Elle est à la merci de l'étranger. Si le marché du coton, de

la matière première, vient à lui être fermé, ses ouvriers meurent de faim. Si la production, surexcitée par la fièvre du gain, dépasse les limites, non-seulement de la consommation nationale, mais même de la consommation européenne, il lui faut, sous peine d'être encombrée et de voir la marchandise complétement dépréciée par son extrême abondance, aller s'ouvrir de nouveaux marchés dans la Chine. Les Chinois se suffisaient à eux-mêmes, ils ne demandaient nullement à être habillés par les ouvriers anglais. On les habille de force.

3. La France n'a aucun intérêt à suivre l'Angleterre dans cette voie. Qu'elle ne s'inquiète point si les Anglais importent plus de matière ouvrée chez nous, que nous chez eux. S'il y a une différence entre les deux comptes, il nous sera facile de la solder avec nos vins. Toute nation dont le climat, le sol, donnent un produit qui manque à d'autres nations, a dans les échanges un avantage sur celles-ci.

La Chine produit la soie et le thé. L'Angleterre, qui s'est chargée d'aller les acheter pour l'Europe, a d'abord payé avec des métaux précieux. Puis elle a voulu faire rentrer son or en vendant aux Chinois son opium hindou et ses cotonnades anglaises. Mais elle a beau placer de grandes quantités de ces marchandises, il lui faut encore compléter ses payements avec des métaux précieux. Ainsi l'or que les Européens vont, avec tant de peine, arracher à la Californie et à l'Australie, s'enfouit, immobile et inutile, dans les pagodes chinoises. Quand tout le sol de la France sera fertilisé, nous pourrons songer à vêtir les Chinois. Si deux nations, la France et l'Angleterre, voulaient entreprendre la confection de tous les objets manufacturés, au compte du reste de l'humanité, elles se ruineraient. Cette lutte aurait pour résultat de rendre la fabrication démesurée, exorbitante, d'avilir à l'excès les prix de la matière ouvrée, d'amener une affreuse misère.

4. Pour que la France soit riche et heureuse, il faut que son sol produise toujours beaucoup plus que ses ateliers. La première condition du progrès agricole, c'est l'introduction des moteurs mécaniques dans le travail du sol. Ils doivent remplacer les moteurs vivants, l'homme d'abord. L'homme s'épuise encore à travailler le sol, comme au premier jour où il le remua de ses mains. Et l'atmosphère qui l'enveloppe, le ruisseau qui baigne ses pieds, contiennent des gaz doués d'une force élastique immense, infatigable, prête, s'il veut bien la diriger, à accomplir sa rude tâche.

5. Ignorant l'existence de cette force, il s'est donné des auxiliaires qui lui font chèrement payer leur secours. Les autres moteurs vivants, les animaux de labour, sont des consommateurs qu'il faut nourrir, des parasites avec lesquels il faut partager sa nourriture, même aux époques où ils restent oisifs et inutiles. Le blé fait du pain, aliment insipide,

échauffant, lourd, difficile à digérer, surchargeant les tissus de graisse, insuffisant à réparer le sang, les muscles de l'homme. L'herbe fait de la viande qui peut seule réparer les muscles de l'homme, qui lui est nécessaire dans les climats froids ou tempérés, surtout lorsqu'il travaille beaucoup. L'homme garde pour lui tout le blé. Mais au lieu d'employer à sa nourriture toute l'herbe convertie en viande, il n'en prend qu'une partie et emploie le reste comme force de traction. Les animaux de traction ne sont point mangeables, ou ne donnent qu'une chair tendineuse, des muscles épuisés par la fatigue. Et s'ils se reproduisent, ils appauvrissent les races. Ainsi l'homme se prive de sa meilleure nourriture. Employer l'herbe convertie en viande, qui doit nourrir l'homme; employer la houille qui doit lui fournir de la lumière et de la chaleur, comme forces de traction, ce sont de ruineuses erreurs.

6. Les végétaux ne deviennent vraiment

aptes à restaurer les forces de l'homme, à s'assimiler avec son sang et ses muscles, qu'après avoir été digérés par le bœuf ou le mouton, ces puissantes machines de réduction, ces digesteurs infatigables à quadruples estomacs. Vous pouvez bien remplir votre estomac de végétaux non élaborés par ces animaux, mais c'est lui imposer un pénible travail de digestion en grande partie inutile : une faible partie de ces aliments s'assimile à votre sang. Les Anglais le savent bien ; ils se nourrissent de viandes, simplement rôties et non apprêtées. Chez eux la viande est bonne, saine et abondante. Cette alimentation sensée est pour eux un grand moyen de supériorité sur les autres peuples : quand l'ouvrier anglais travaille plus que l'ouvrier français, c'est qu'il est mieux nourri. En France, la viande est encore à peu près inconnue dans les parties les plus pauvres ; là on en mange une fois par an. Dans les villes mêmes, elle n'est ni de bonne qualité, ni abondante. A Paris, grâce à l'octroi, la consommation, en quarante ans, s'est réduite de plus d'un tiers, sur le vin et la viande de boucherie, pour se porter sur les basses viandes et l'eau-de-vie. La santé publique exige le contraire. Il faut que la bonne viande baisse de prix. La suppression des animaux de trait remplacés par des moteurs mécaniques permettra de consacrer toute l'herbe à faire de la viande de boucherie.

7. Les dimensions exiguës du moteur à gaz rendront même facile de l'adapter à de petites voitures destinées à courir sans rails sur les routes ordinaires. On avait tenté, sans beaucoup de succès, d'employer la vapeur à cet usage ; le gaz y satisfera. Ainsi les animaux de trait, nécessaires à ce service, pourront être également supprimés.

8. Cette viande si peu abondante, l'homme ne la réserve point toute pour lui. L'Europe dépense des millions à nourrir d'autres para-

sites complétement inutiles : l'espèce hargneuse, puante, enragée des chiens, caractères de laquais, souples envers le puissant, féroces envers le faible. Attendrissons-nous sur les grands dévouements des chiens, sur leurs inébranlables attachements pour leurs maîtres, sur leur intelligente surveillance des moutons, qu'ils font maigrir en les effrayant sans cesse. Mais n'arrachons pas à l'homme sa nourriture pour engraisser des chiens. Voyez ces populations françaises, au teint pâle, à la face émaciée, enlaidie par les privations, ces membres grêles, ces petites tailles, cette consomption des muscles arrosés par un sang débilité, décoloré, impuissant à les réparer. Elles sont vouées au crime par excès de misère et d'ignorance ; les souffrances du corps ont dégradé leurs âmes. Pour refaire leurs muscles, leurs nerfs, leurs cerveaux, elles auraient besoin d'un peu de viande. Exterminez les parasites qui la dévorent. Que toute la viande serve à la nourriture de l'homme, celle qui ne peut être consommée directement par lui doit y servir sous la forme d'engrais.

9. Dans les villes où la rémunération du travail humain, plus élevée, permet une alimentation suffisamment saine et fortifiante, les générations nouvelles sont plus grandes, plus fortes, plus belles, plus douces et plus intelligentes. L'homme n'est méchant que par souffrance. Dans les campagnes, avec la nécessité d'acheter, de repaître des animaux de trait, l'exploitation d'une terre rapporte difficilement à celui qui la possède de quoi élever la rémunération des travailleurs. Si les salaires montent, une récolte manquée suffit pour le ruiner; il a dépensé beaucoup et ne récolte rien. Il ne sera possible de bien rétribuer le travail humain que si, au lieu d'animaux consommant perpétuellement, on emploie une machine : celle-ci, une fois achetée, travaillera à très-bon marché et ne coûtera aucune nourriture, n'exigera

aucuns frais, pendant ses temps de chômage. Alors, au lieu de se partager entre le travail animal et le travail humain, la dépense d'exploitation portera presque tout entière sur ce dernier.

10. Nos villages sont restés ce qu'ils étaient au moyen âge. Dans le midi, des villages de refuge, à enceintes fortifiées, servant à protéger les habitants contre les rapines des seigneurs du voisinage et le seigneur de l'endroit contre la poursuite de ses ennemis quand il était battu. L'enceinte n'existe plus; mais les habitations sont serrées, étroites, malsaines et malpropres; l'espace manque, le bétail et l'homme sont confondus. Ailleurs ce sont les abris temporaires dressés dans les campagnes pour y séjourner pendant les travaux agricoles. Aussitôt ces travaux finis, les misérables paysans se renfermaient dans les villes, derrière des tours et des murailles, tandis que les seigneurs guerroyaient dans le plat pays et le ra-

vageaient à leur aise. Quand il s'établit un peu de calme, les paysans demeurèrent toute l'année dans leurs chaumières. Des siècles se sont passés et ils y sont encore. Huttes de boue, de paille et de bois, couvertes de chaume, plus basses que le sol, tanières humaines.

11. Avec de meilleurs salaires agricoles et l'économie de tout ce qui se dépense pour l'entretien des animaux de trait, les campagnes pourront changer de face. Elles achèteront la pierre ou la brique et remplaceront par des maisons les cabanes primitives. En Angleterre, où l'agriculture est plus goûtée que chez nous, les habitants des campagnes ont de jolies maisonnettes, propres et bien aérées, bâties en briques blanchies à la chaux. Quand nous le voudrons, il en sera de même en France. L'amélioration des races de chiens et de chevaux nous a beaucoup occupés ; celle de l'espèce humaine est préférable. Elle nous intéresse tous. Ne dites pas : ce sang qui s'appauvrit par les

privations n'est pas mien ; demain il changera de costume et se mêlera au vôtre : cette misère infinie, que rien ne soulage, n'est pas mienne ; demain vous changerez de costume et elle sera vôtre.

12. La France mieux cultivée nourrirait aisément le double de sa population actuelle. Plus l'humanité sera nombreuse, plus elle sera instruite, bonne et heureuse. Elle n'a point encore vraiment pris possession de son séjour, elle n'occupe qu'une faible partie du globe. Dans l'Amérique, méridionale surtout, ce sont les bras qui manquent au sol le plus riche, le plus fertile. La Russie d'Europe n'est guère peuplée, elle n'a que trois habitants par kilomètre carré, tandis que la Belgique en a cent cinquante-huit, la France soixante-huit. L'Asie, l'Afrique possèdent de vastes espaces inhabités. Sous les sables du Sahara coule un immense fleuve : un coup de sonde en fait jaillir une eau abondante qui donne de l'om-

brage, de l'herbe, des troupeaux, une oasis.
Nous avons sous la main des hommes nés pour
ces climats brûlants, des Africains qui meurent de froid à Toulon. Dans les pays chauds et
encore peu habités, il y a sur le littoral des
fièvres terribles qui détruisent les Européens.
Elles cesseront quand l'embouchure des cours
d'eau aura été améliorée, garantie de l'obstruction, quand ils auront une issue libre vers
la mer, au lieu d'être refoulés dans des marécages où le mélange d'eau douce et d'eau salée,
l'eau saumâtre, croupit et s'échauffe. Avec du
travail et l'association des capitaux, même des
moindres, qui, par leur nombre, sont les plus
puissants, toutes ces entreprises s'effectueront. Malgré les sinistres calculs d'un prêtre
anglais, il n'y aurait partout que plus de richesse et de prospérité, si, au lieu d'un milliard d'habitants, la terre en avait six.

V

1. Nos villes datent de la même époque que nos villages. Et depuis elles n'ont guère changé. Nos pères, en les construisant, étaient surtout préoccupés de les fermer le mieux possible, de les rendre fortes et inaccessibles. C'étaient des vilains, qui, constamment volés, pillés, maltraités par les seigneurs du pays, se réfugiaient autour d'un monastère dont ils devenaient les serfs, pour lequel ils travaillaient, mais dont les priviléges les protégeaient, autour du château d'un seigneur, afin de n'être plus rançonnés que par un seul et d'être défendus

contre les autres, jusqu'au jour où ils devenaient assez nombreux, assez intelligents, assez forts, pour le mettre dehors et fonder la commune. Derrière des murailles, ils exerçaient en sûreté leurs industries. L'enceinte suffisait d'abord, mais bientôt la population augmentait; de nouveaux fugitifs de l'esclavage arrivaient. On se serrait, on s'étouffait pour leur faire place, les rues s'étrécissaient, les maisons se rapprochaient et montaient, entassant étages sur étages. Qu'importait d'être réduits à des voies étroites, elles devenaient, aux jours d'attaque, plus faciles à défendre contre les gens d'armes des seigneurs. Qu'importait d'être privés d'air, de lumière, de soleil, d'espace, de verdure, pourvu qu'on pût tenir tous à l'abri derrière les murailles. On prenait la campagne en horreur, jamais on n'y allait; la campagne, c'était le servage de la glèbe. On aimait la ville, où l'on devenait un peu citoyen; ce coin sombre, triste, c'était la liberté.

2. Depuis longtemps les mêmes dangers ne nous menacent plus, et pourtant nous sommes restés par habitude dans les mêmes séjours. Ce campement dans d'étroites forteresses a continué, quoique inutile. Aujourd'hui les villes peuvent sans crainte sortir de leurs vieilles murailles, et s'aventurer dans les campagnes. La plus grande partie de leur population s'étiole faute d'air et de lumière.

3. Les communications faciles sont le premier besoin de l'existence moderne. Avant de construire une ville nouvelle, il faut en établir les voies de communication. Elle doit être située sur les bords d'un grand fleuve, coulant au niveau du sol à travers un terrain uni. Ce fleuve, au lieu d'aller en un seul faisceau se jeter inutile à la mer, n'y portera plus une goutte d'eau qui n'ait travaillé pour l'homme. Il est divisé en canaux; son cours, multiple pendant le trajet de la ville, ne redevient unique qu'à la sortie de celle-ci. Ces canaux sont

4.

les voies de la ville; ils se soudent entre eux par des canaux secondaires de jonction. L'un d'eux va jusqu'à la carrière chercher les matériaux de construction. Les maisons sont taillées dans la carrière même; chaque pierre en sort avec son numéro d'ordre pour s'embarquer sur des planches qui descendent les canaux, et la portent au pied de l'édifice où elle doit prendre place.

4. Dans quelque pays, dans quelque partie du monde, qu'elles soient situées, à l'intérieur des terres ou dans le voisinage des côtes, ces villes seront florissantes. Elles auront des transports à bon marché; elles pourront expédier directement chez tous les peuples leurs produits nationaux sans aucuns faux frais, et recevoir de même les importations. Elles auront les matières premières, aliments de l'homme ou de son travail, à bon marché. La richesse, l'existence même des peuples dépendent de leurs moyens de communication. Dans le temps

où Paris n'était relié à Marseille que par de mauvaises routes de terre, on mourait de faim à Paris, et les blés d'Orient pourrissaient sur place à Marseille, faute de moyen d'en sortir. Les routes s'étaient défoncées sous le poids des premières charrettes, et rien n'y pouvait plus passer. Récemment la route de fer a transporté de Marseille à Paris, en quelques jours, d'énormes quantités de grains étrangers, et Paris, loin d'éprouver la famine, s'est à peine douté de la disette des blés français.

5. Les canaux sont ombragés d'arbres, réellement verts, grâce au voisinage de l'eau. Le long des maisons circulent dans deux tubes placés sous les dalles des trottoirs, et non plus enfouis dans le sol, le gaz d'éclairage et le gaz de travail. A cette circulation de lumière et de force chaque maison puise selon ses besoins. Chacune a sa prise d'eau dans le canal, pour alimenter au moyen d'une pompe ses fontaines et ses bains. L'eau du canal est courante, elle

est toujours maintenue saine et pure, aucun lavage ne se fait qu'en aval de la ville. Aucune immondice n'y séjourne. A chaque maison aboutit un tuyau qui enlève les eaux vannes et les dirige vers le bord du canal. Sur celui-ci le touage amène pendant la nuit un service de bateaux couverts, pourvus de pompes aspirantes, qui vident ces tuyaux et vont porter les engrais dans les campagnes. Ainsi sont évitées ces infections, ces corruptions de l'air qui produisent les fièvres et les pestes.

6. Depuis que Paris et Londres existent, ces deux villes ont jeté à l'eau des milliards. Les campagnes nourrissent les villes, mais à condition que celles-ci leur restituent les engrais. Dans tout produit qu'elles envoient aux villes il y a une part qui doit leur revenir sous forme d'engrais. Sinon le sol s'épuise; les fleuves, souillés pendant le parcours des villes, vicient l'atmosphère. En traversant les bancs de sable qui tapissent leur lit, ils se déchargent de

tout ce qu'ils tenaient en suspension. Ainsi est perdu le bien même de l'agriculture ; elle est obligée d'envoyer chercher à travers les mers du guano au Chili pour réparer le sol appauvri. Ce système est coûteux ; il consiste à faire venir d'Amérique ce que l'on perd volontairement en Europe. D'ailleurs, les dépôts des oiseaux américains seraient-ils immenses, toutes nos flottes seraient-elles occupées à les transporter en Europe, ils ne suffiraient point. Les villes seules peuvent rendre aux campagnes ce que celles-ci leur ont prêté. En le jetant, elles ruinent la végétation qui les nourrit.

7. Les villes nouvelles n'étant pas enfermées dans d'étroites murailles, l'espace n'y manquant point, chacun y possède sa maison. Ces maisons ne sont ni bien grandes ni bien coûteuses ; elles ressemblent aux maisons de briques, modestes à l'extérieur, mais propres et commodes à l'intérieur, qui couvrent certains quartiers de Londres. Cette habitation vaut

4.

mieux, elle est plus saine, plus digne, plus indépendante que celle des étroits appartements de Paris. Aujourd'hui les maisons parisiennes ont pour elles les dehors, les alignements, la régularité et l'uniformité des ensembles. Mais si l'on pénètre dans les ruches, combien les cellules sont petites et mesquines. Cela est navrant : dans ce cube de maçonnerie une famille sera cloisonnée, claquemurée, à peu près comme dans un compartiment de wagon. Et l'achat, la possession entière d'une maisonnette coûterait moins que quelques années de location d'une cellule.

8. Tout travailleur devient propriétaire de la maison qu'il habite. Cela est facile en capitalisant les loyers. A Mulhouse, les fabricants ont voulu loger leurs ouvriers. Ils ont fait construire de jolies maisons, entourées de jardins, valant trois mille francs chacune, terrain compris. L'ouvrier, acquéreur d'une maison, paye chaque année un loyer de deux cent soixante-

seize francs ; au bout de douze ans, il a payé les trois mille francs et la maison lui appartient. Ces fabricants ne gagnent rien sur cette entreprise; ils ne font que rentrer dans leurs avances. Ce sont des hommes, intelligents et dévoués, qui, en aidant le travailleur, l'élèvent, l'améliorent, au lieu de l'humilier. Mais, en supposant des constructeurs qui veuillent un bénéfice, il suffirait de prolonger un peu le payement du loyer pour leur assurer un bénéfice suffisant. Le nombre des travailleurs est si grand que la spéculation réussirait vite. Et il n'y en aura jamais d'aussi profitable à la société tout entière. L'ouvrier est chez lui, il n'est plus réduit à habiter ces chambres de louage, hideuses et infectes. Quand il est vieux, infirme, il n'a plus pour prison le sombre grenier ou l'hôpital fétide; il ne meurt plus dans le désespoir, en maudissant l'humanité qui le jette au rebut comme un outil usé. Il meurt auprès du foyer qui a vu naître ses enfants et il le leur lègue. Existe-t-il un amour de la propriété égal à celui du laboureur qui possède un morceau de terre acquis par son travail? Il faut que l'ouvrier, lui aussi, connaisse le bonheur immense de posséder quelque chose. Le seul moyen de défendre la propriété, c'est de la donner à tous, à tous ceux qui travaillent. Une société qui est juste n'a rien à craindre.

9. Le service aérodromique peut aussi bien fonctionner dans l'intérieur des villes qu'à l'extérieur, relier leurs divers quartiers que les relier entre elles. Ses passages sont à heures fixes, ses stations à distances réglées.

10. Dans les villes anciennes, dont le sol est inégal et la canalisation impossible, telles que Paris, le transport des marchandises peut se faire sur voie ferrée. Au milieu des rues élargies est ménagée une tranchée où il y a place pour une double voie ferrée, montante et descendante. Cette tranchée, aux points de croisement des rues, est recouverte de ponts à ni-

veau du sol, pour le passage des piétons. Le moteur à gaz, employé à la traction des wagons, ne fait ni bruit ni fumée. Au lieu d'être isolé sur une locomotive qui serait trop légère pour adhérer aux rails, il est fixé à un wagon suffisamment chargé. Dans l'état actuel, les commerçants sont obligés d'entretenir des chevaux qui ne leur servent pas continuellement; les transports n'ayant pas toujours la même activité. Posséder un factage à domicile, tarifé à la tonne et au kilomètre, sera pour eux une grande économie. Ce factage restera à la disposition de tout le monde. Ainsi seront supprimées ces voitures, fléau des grandes villes, qui gâtent les chaussées, assourdissent les habitants, salissent ou écrasent les passants. Les chaussées deviendront propres, d'un entretien facile et peu coûteux. Ni boue, ni poussière. Plus de résidus de cuisines jetés sur le sol, éparpillés ; chaque matin, ils seront placés directement sur des wagons qui les emporteront aussitôt. Les piétons prendront enfin possession de voies libres, propres, agréables, sans dangers.

11. La richesse pour les sociétés n'est point dans l'abondance des métaux précieux. Quand ils affluent, ils s'avilissent, ils se déprécient. Quand ils sont rares, ils acquièrent plus de prix et le crédit les multiplie. C'est la quantité de travail produite par une société qui détermine la quantité de valeurs nécessaire à échanger ce travail et la fait apparaître. La richesse est dans la bonne direction et la rétribution équitable du travail. Loin d'être une condamnation pour l'homme, le travail est son premier bien. Les familles qui l'abandonnent dépérissent dans le marasme et s'éteignent. Mais il faut qu'il ne soit point excessif, épuisant. Et, pour enrichir la société, il faut qu'il soit bien employé, qu'il crée quelque produit utile à celle-ci. Vous pouvez occuper des hommes à faire de la boue, puis à l'enlever; à décharger des marchandises, puis à les recharger. Vous les payez,

ils ont de quoi vivre, mais la société qui les nourrit est volée. Il faut que les sociétés deviennent riches, afin de pouvoir guérir leurs plaies, la misère et l'ignorance.

OTTFRID

OTTFRID

OTTFRID.

Les vents soufflent avec fureur, la violence de la tempête redouble. Vois-tu ce pauvre toit de chaume, et derrière la vitre brumeuse cette pâle lumière? C'est là que veille dans les angoisses la femme du marin. Hier, il est parti pour aller ramasser ses filets, et il n'est point encore revenu. Dans la barque il y avait le père et les trois fils. Comment ce misérable bateau pourra-t-il résister aux vagues?

L'ÉTRANGER.

J'ai entendu des sanglots déchirants, tandis que je passais devant la chaumière. Je ne pouvais dormir; la tempête rugissait au dehors, j'ai voulu la voir de près.

OTTFRID.

Pour toi, tu habites les florissantes cités, tu ne connais la mer que par des récits: et les tempêtes ne peuvent te faire d'autre mal que de troubler ton sommeil. A peine conçu chacun de tes souhaits est comblé. Pour toi l'humanité travaille, pour toi ces pêcheurs s'exposent à des souffrances atroces, à une mort toujours menaçante. Et leur salaire, c'est une bien faible portion de cet or que tu manies dans les villes. Ils n'ont commis aucun crime, et il leur faut ramer comme des galériens pour gagner de quoi ne point mourir de faim, eux et leurs enfants.

L'ÉTRANGER.

Dieu, quel bonheur! Vois-tu, là-bas, un point noir. Courage, courage, braves gens. Oui, oui, il y a des hommes dans la barque! Elle est dirigée par des bras robustes; elle tombe au plus profond des vagues et se relève, elle disparaît et se montre de nouveau. Ah! les voici en vue de la jetée, ils sont sauvés!.........

OTTFRID.

Serons-nous condamnés à les voir périr devant le port. L'entrée est difficile, ils luttent avec une énergie désespérée. Ils ont échappé à la haute mer et déjà ils voient la terre. Ah! combien je donnerais volontiers ma vie, pour qu'ils puissent aborder. Les voilà éloignés, nous ne les apercevons plus! Pourquoi n'avons-nous point, pour une minute seulement, ce pouvoir que les hommes crédules ont de tout temps supposé à des êtres surnaturels ! Je voudrais les sauver, puis être anéanti.

L'ÉTRANGER.

Quel homme es-tu donc? Tu aimes vraiment l'humanité, mais tu ne connais point les terreurs qui l'accablent. Devant la mer en furie, tu ne courbes point le front.

OTTFRID.

Non, mais je pleure... ces paupières, aucune de mes propres souffrances n'a pu les mouiller. Quittons ces rivages funestes. Demain plus d'une mère pleurera son fils, plus d'une veuve maudira l'existence. Ces gens-là ne se remarient point; quand ils se trouvent isolés, il ne leur reste plus qu'à mourir de faim...

L'ÉTRANGER.

Tu te troubles, ton pas devient chancelant. Appuie-toi sur mon bras, viens; la grève est déserte, si tu tombais, je ne pourrais te porter jusqu'aux demeures des hommes.

OTTFRID.

Merci de cette compassion, toi dont je ne connais même pas le visage. Tes bons sentiments envers moi suffisent à me rendre des forces. Je ne maudirai point cette nuit fatale, puisqu'elle n'a pas glacé tous les cœurs. La tempête est cruelle, l'homme est bon. Le bien toujours à côté du mal.

L'ÉTRANGER.

Laisse-moi serrer ta main. Je t'aime, tu me diras ton nom, je serai ton ami.

OTTFRID.

Imprudent! j'aimerais mieux te voir à la merci de ces flots inexorables, qu'enchaîné à mes tortures. Tu es libre, va-t'en et ne regarde point en arrière.

L'ÉTRANGER.

Pourquoi ces dures paroles? Te défies-tu de

moi? veux-tu à plaisir déchirer mon cœur? Laisse-moi admirer, sinon aimer, ton noble caractère.

OTTFRID.

Admirer. Ne prononce point ce mot. Jamais l'homme, quoi qu'il ait fait, n'est digne d'admiration. Le meilleur est plein de fange et de vices. S'il a la faiblesse de se laisser admirer il est perdu. Il se croit dieu et n'est plus homme. Moi, je n'ai rien fait.

L'ÉTRANGER.

Tu as la force. Quand tu voudras agir, tu feras de grandes choses.

OTTFRID.

Voilà ton chemin, voici le mien. Adieu.

L'ÉTRANGER.

Quoi! tu ne veux même pas me permettre de presser ta main dans la mienne! Tu es donc fier et dédaigneux?

OTTFRID.

Étranger, je t'en supplie, n'insiste point. Si nos mains s'étaient une fois unies, je n'aurais plus le courage de les désunir, et je ferais ton malheur.

L'ÉTRANGER.

Toi, mon malheur; toi qui es bon, toi qui souffres si vivement des souffrances de ceux que tu ne connais point! Ah! sans doute, tes maux ont été bien grands, puisque tu ne veux plus de consolations. Si tu avais confiance en moi, peut-être pourrais-je t'aider.

OTTFRID.

Tu m'émeus! Sans doute tu n'as point encore l'expérience de la vie; tu ne sais pas combien il est nécessaire, pour vivre en paix et longtemps, de rester toujours indifférent aux malheurs d'autrui. Il convient d'affecter en pa-

5.

roles une généreuse commisération ; mais rien au delà. Tu es jeune, ou tu as vécu loin des hommes. Apprends à t'éloigner des malheureux. La sagesse l'ordonne ; sais-tu si tu auras assez de force pour supporter tes propres maux. Meurs, ou deviens égoïste.

L'ÉTRANGER.

J'aime mieux mourir.

OTTFRID.

Tu n'as donc point de mère? Dans cette sagesse égoïste qui t'ordonne de vivre en songeant à toi, il y a aussi du dévouement. Crois-tu t'appartenir, t'appartenir à toi seul ; et si la vie avec ses faiblesses, ses lâches concessions, ses calculs perpétuels, te dégoûte, avoir le droit d'y renoncer? D'autres ont vécu pour toi, et pour eux aussi la vie a été amère, et pour eux le bonheur c'est toi, l'espérance c'est toi.

L'ÉTRANGER.

La vie est donc un fléau que chaque génération impose à celle qui la suit.

OTTFRID.

Non, la vie c'est le dévouement. Sois honnête, mais ne cherche point à surpasser la vertu ordinaire des hommes. Songe à ton intérêt, travaille pour toi, et tu rendras service à l'humanité. Seulement n'exploite pas trop durement ceux qui dépendront de toi. Tu es fort et ils sont faibles. Ils sont faibles, parce qu'ils sont ignorants, aussi ignorants que les pauvres sauvages africains. Ils vivent au milieu d'une société civilisée, qui exige d'eux des devoirs, et n'a pas encore su les rendre capables de posséder leurs droits. Ils ne connaissent cette société que pour lui avoir payé l'impôt prélevé sur leur faim ou sur leur sang. Ils sont faibles, parce qu'ils ont besoin d'avoir du pain à quelque prix que ce soit. Ne le leur fais pas acheter trop chèrement, n'abaisse point leur salaire : devant les hommes tu en aurais le droit, devant ta conscience tu ne l'as pas. Et ne te crois pas quitte envers eux en leur donnant quelques pièces de monnaie de plus. Ils n'en seraient ni moins pauvres ni plus heureux. Donne-leur en même temps un peu de ton âme. Aime-les quelque dégradés qu'ils soient. Instruis-les, aide-les à devenir vertueux ; sous les vices que leur a faits la misère, tu retrouveras des vertus.

L'ÉTRANGER.

J'aimerais la gloire ; j'irais volontiers mourir pour ma patrie.

OTTFRID.

Il faut bien plus de courage pour vivre. Ta patrie n'est point menacée. Il y aura encore des luttes sanglantes, dans lesquelles nous périrons tous deux peut-être. Puis les hommes, délivrés de leurs chaînes, se gouverneront eux-mêmes. Ils n'auront plus de motifs pour s'entr'égorger ; les nations ne dépendront plus de conquérants avides de gloire. Le travail de notre époque est de défaire peu à peu ces glorieuses conquêtes qui ont coûté tant de sang et de ruines à l'Europe. Quand les nations seront toutes reconstituées, elles n'auront plus entre elles que les rapports de l'intelligence et du commerce. Le métier de tuer d'autres hommes, sans savoir pourquoi, est perdu ; on ne se bat plus que pour des convictions.

L'ÉTRANGER.

J'étais habitué à regarder la guerre comme un mal nécessaire.

OTTFRID.

Les souverains absolus avaient besoin de s'entourer de piques et de lances afin de dompter leurs sujets. Et pour s'attacher ces soutiens de leurs trônes, ne fût-ce que pour les occuper, il fallait leur donner en pâture les peuples voisins. Des pillages, des vols à main armée, cela s'appelait victoires et conquêtes. Les peuples vainqueurs ont payé leur gloire bien cher, presque toutes leurs ressources se sont perdues, et il ne leur est plus rien resté pour sortir de la misère, de l'ignorance et du vice. Il ne manque point d'entreprises meilleures capables d'épuiser l'audace des plus hardis; l'homme n'a point encore conquis son séjour, il reste parqué sur quelques points du globe terrestre. Celui-ci est presque désert, il pourrait nourrir un bien plus grand nombre d'habitants.

L'ÉTRANGER.

Assez de malheureux souffrent nuit et jour, pourquoi en augmenter le nombre?

OTTFRID.

Plus les hommes seront nombreux, plus leur sort s'améliorera. Il ne s'agit que de bien diriger leur activité, leur énergie, qui auparavant étaient exploitées par quelques-uns pour le malheur de tous.

L'ÉTRANGER.

Il y a eu pourtant des hommes qui ont aimé leurs frères et se sont dévoués pour eux.

OTTFRID.

Oui, des hommes qui ont fait le bien, pour obtenir des récompenses, de la gloire et des honneurs. Puis d'autres qui ont fait le bien pour obtenir des châtiments et des supplices, des prisons, des tortures, des persécutions. Ceux-là ont fait très-peu de bien, ceux-ci en ont fait beaucoup, parce qu'ils ont détruit les idées fausses, les plus grands fléaux de l'humanité. Parmi ceux-ci, il en est un surtout qui a dit aux hommes : Aimez-vous les uns les autres, c'est là toute ma loi. Alors il sembla que l'humanité allait renaître, renaître bonne et heureuse. Ce ne fut qu'un rêve. L'œuvre accomplie sur la croix était grande, mais imparfaite comme tout ce qui est humain. Pour se faire écouter d'un peuple ignorant, plein de superstitions, il avait fallu lui donner des miracles et s'instituer dieu. Avec l'œuvre de l'ennemi des prêtres, de l'homme crucifié pour avoir attaqué la religion de son pays fut fondée la plus despotique des religions. Elle opprima durement les peuples, elle persécuta ceux qui ne lui cédèrent point et condamna l'Europe à de longs siècles de ténèbres nécessaires à sa domination.

L'ÉTRANGER.

Tu l'as dit; lui enseignait le dévouement, l'amour de l'humanité. Eux y ont substitué l'amour égoïste du salut, la dévotion stérile, le paradis et l'enfer, c'est-à-dire l'intérêt et la peur.

OTTFRID.

Étranger, adieu. Ne cherche plus à me retenir; j'aimerais la société, mais il faut que je continue dans l'isolement l'entreprise à laquelle je me suis voué. Voici la terre qui achève son évolution nocturne et se tourne encore une fois vers la lumière du soleil. La tempête de la nuit a cessé, il n'en restera bientôt plus de traces que dans quelques âmes brisées par d'éternels regrets. Puisque le hasard nous a réunis un moment, je ne te quitterai point sans te dire quel est mon but. Tu ne m'appelleras point insensé; les hommes donnent ce nom à celui qui n'emploie pas son intelligence à les exploiter. Et pourtant s'il n'y avait pas eu beaucoup de ces généreux insensés, travaillant pour leurs frères, l'humanité serait encore réduite à l'état misérable par où elle a commencé. Je cherche les hommes dans leurs livres et dans leurs villes. Je voyage pour connaître leurs mœurs, leurs pensées, leurs œuvres. Je vérifie mes idées, en les éprouvant sur les âmes les plus ignorantes; si elles y font impression, c'est qu'elles sont vraies, et alors je les ajoute à l'ensemble que je m'efforce d'édifier. Nos pères ont beaucoup détruit, il nous faut absolument construire, sous peine de périr, si nous n'y parvenons pas. Les restaurations du vieux sont impossibles, nous l'avons vu à l'épreuve. Il faut chercher dans les faits épars, dans les lambeaux de vérité, la vérité qui est une, il faut la reconstituer. Si nous n'achevons pas l'œuvre, d'autres la continueront, et ceux-ci vaudront mieux que nous. Il n'est point permis de se soustraire à cette tâche sacrée. Moi aussi j'aurais aimé la gloire étincelante ou le bonheur modeste, j'aurais aimé des amis tels que toi. Mais la vérité ne souffre point de partage dans les âmes qui la recherchent. J'éprouve pourtant quelquefois de vives satisfactions et des bonheurs durables; c'est quand je rencontre comme cette nuit, des sentiments nobles, généreux, vraiment humains. La souffrance la plus cruelle pour moi, c'est de me trouver en présence d'un sentiment bas, d'une action vile. Je ne juge jamais les hommes sur leur costume; je me sens honoré de presser la main qui travaille, je ne voudrais point toucher la main du courtisan qui mendie. Donne-moi la tienne.

L'ÉTRANGER.

Qui que tu sois, jamais je ne t'oublierai.

MÊMES ÉDITEURS

GUSTAVE FLOURENS

HISTOIRE DE L'HOMME
Une brochure in-18. — Prix : 50 cent.

INVENTAIRE
R 36140

www.ingramcontent.com/pod-product-compliance
Lightning Source LLC
Chambersburg PA
CBHW070316100426
42743CB00011B/2455